Espiritualidade e VIDA

Editores: *Luiz Saegusa e Claudia Z. Saegusa*
Projeto Gráfico, capa, diagramação
e revisão: *Rebecca Barboza*
Imagem de capa: *Shutterstock - Tithi Luadthong*
Colaboração: *Silvia Tadayozzi*
Finalização: *Mauro Bufano*
2ª edição: 2020
Impressão: *Lis Gráfica e Editora*

Dados Internacionais de Catalogação na Publicação (CIP)
(Câmara Brasileira do Livro, SP, Brasil)

Dias, Haroldo Dutra
Espiritualidade e vida / Haroldo Dutra Dias. --
São Paulo : Intelítera, 2020.
Bibliografia
1. Espiritismo 2. Espiritualidade 3. Mensagens
4. Vida espiritual I. Título.

20-33222   CDD-133.93

Índices para catálogo sistemático:
1. Mensagens espíritas : Espiritismo 133.93

ISBN 978-85-7067-025-0

Maria Alice Ferreira - Bibliotecária - CRB-8/7964

Rua Lucrécia Maciel, 39 – Vila Guarani
CEP 04314 -130 – São Paulo – SP
11 2369 -5377
intelitera.com.br - facebook.com/intelitera

HAROLDO DUTRA DIAS

Espiritualidade e VIDA

~ 1 ~

A recompensa espiritual de concretizar um propósito é o aprendizado obtido ao longo do processo. Isso se deve ao fato de que, uma vez concretizado o propósito e conservado os seus resultados, a experiência se converte em aprendizado para aquele que empreendeu, que realizou, que concretizou.

~2~

A memória reencarnatória é seletiva; você só se lembra daquilo que te emocionou profundamente.

HAROLDO DUTRA DIAS

3

Nem mesmo a maior de todas as fortunas pode comprar a menor porção de tempo. O grande debate da atualidade gira em torno da sustentabilidade e do uso adequado dos recursos, de modo a garantir a sobrevivência do planeta e das futuras gerações. No entanto, parece que o fluxo frenético do nosso estilo de vida acaba por anestesiar nossa consciência sobre uma questão fundamental: a duração da vida humana. Nossa existência física é limitada, portanto, preciosa. É preciso valorizar cada minuto. O tempo é nossa maior riqueza.

HAROLDO DUTRA DIAS

~4~

Durante toda a viagem existe um sol que brilha, ilumina, aquece, sustenta e orienta o viajante. Esse sol é Jesus Cristo.

HAROLDO DUTRA DIAS

5

Estar vivo e consciente já nos traz alegria, harmonia e paz. Somos capazes de sentir bem-estar pelo simples fato de estarmos vivos, pelo simples fato de sermos, de existirmos no universo.

~ 6 ~

O coração é recinto sagrado, onde não se deve amontoar resíduos inúteis.

HAROLDO DUTRA DIAS

~ 7 ~

Aja apenas segundo a máxima que você gostaria de ver transformada em lei universal. Essa formulação de Kant é uma modificação, um aprimoramento do enunciado "Faça ao outro o que gostaria que o outro lhe fizesse". Para Kant, a fim de se evitar o relativismo moral, decorrente do fato de que cada pessoa tem uma ideia diferente sobre o que gostaria que se fizesse a ela, nós deveríamos imaginar como seria se a humanidade inteira agisse como pretendemos agir no caso concreto. Em resumo, o que seria do mundo se todos fizessem, frequentemente e globalmente, o que você está pretendendo fazer.

HAROLDO DUTRA DIAS

~ 8 ~

São poucos os cegos que querem enxergar, bem como nem todos que perguntam querem realmente a resposta.

HAROLDO DUTRA DIAS

— 9 —

Da sua dor mais profunda pode brotar seus maiores dons, mas somente se você estiver no controle do significado. O significado que damos à nossa existência, às circunstâncias, aos desafios e dores do caminho determina nosso acesso às dádivas ocultas em cada obstáculo e em cada problema da jornada. A conquista da experiência quase sempre pede algumas cicatrizes.

HAROLDO DUTRA DIAS

– 10 –

Deus, que eu seja capaz de enxergar aquilo que vai destruir a minha vida, e aquilo que irá construir.

HAROLDO DUTRA DIAS

~11~

Nosso maior patrimônio é o propósito de nossa existência. A Odisseia da vida de um indivíduo deve ser apreciada pela fidelidade e dedicação dessa pessoa ao seu propósito particular. Afinal, ninguém poderá viver em nosso lugar, ninguém poderá desenvolver os potenciais que são nossos.

HAROLDO DUTRA DIAS

~ 12 ~

Você escolhe quem irá ajudar. Mas, você não decide de quem receberá ajuda, nos momentos em que mais precisar.

HAROLDO DUTRA DIAS

~13~

Dar o melhor de si é comprometer-se a oferecer nossa melhor parte. Tanto na comunicação quanto em todos os demais aspectos da vida, devemos assumir um compromisso com a excelência.

~14~

Nenhum ser humano, nenhum relacionamento sobrevive sem indulgência. A indulgência que recebemos e também aquela que damos.

HAROLDO DUTRA DIAS

~15~

Nosso maior problema é pensar que não podemos, não devemos, nem merecemos ter problemas. Não está tudo bem, mas está tudo certo. Como diz Emmanuel: "Todos vivem na Terra com lições e problemas." Em outras palavras: cada obstáculo carrega uma lição oculta, porém "O essencial é invisível aos olhos." *(Antoine de Saint Exupery).*

~16~

No dia em que o Reino Divino se instalar no seu coração, para onde você for será céu.

HAROLDO DUTRA DIAS

~17~

Não se pode medir a grandeza de uma vida pelas suas conquistas exteriores. A pompa dos museus e as ruínas das civilizações mortas são uma advertência para todos nós. Tudo que é material serve apenas de roupagem ao pensamento. A ideia evolui, o espírito humano se enriquece e os envoltórios antigos permanecem à distância.

HAROLDO DUTRA DIAS

~18~

Quem faz com amor, dá tudo de si. O amor encontra caminhos onde a razão já desistiu.

HAROLDO DUTRA DIAS

~19~

A palavra é a mais poderosa ferramenta do ser humano. Devemos manifestar cuidado e apuro em nossa linguagem. É necessário dizer palavras claras, assertivas, transparentes, sinceras, mas também respeitosas, livres de preconceito, ódio, rancor e julgamentos moralistas. Além disso, o modo como nos expressamos pode afetar mais o diálogo do que as próprias palavras.

HAROLDO DUTRA DIAS

~20~

O universo é dirigido por Deus! Então, o melhor está sempre acontecendo! Não permita que as aflições exteriores entrem demais em você. Confia em Deus!

HAROLDO DUTRA DIAS

~ 21 ~

O problema das fronteiras é que as batalhas, guerras e conflitos geralmente se iniciam nelas. Criamos fronteiras, seja entre nós e os outros ou em nosso próprio interior. Também criamos a possibilidade de conflitos entre os elementos que estão de cada lado dessa fronteira. A mudança atua exatamente nas fronteiras do nosso EGO, desafiando antigos hábitos, antigos modos de ser, forçando-nos a remapear essas linhas divisórias da nossa identidade.

HAROLDO DUTRA DIAS

~22~

O cumprimento dos nossos deveres hoje é a garantia de nossa felicidade amanhã.

23

Para vivermos plenamente, precisamos experimentar e aceitar tanto a luz quanto a escuridão, tanto a alegria quanto a tristeza e a dor. Não importa que tipos específicos de conflitos, traumas, paradoxos ou dilemas a vida nos apresenta, todos eles possuem uma coisa em comum: não desejam nos deixar do mesmo jeito que nos encontraram.

HAROLDO DUTRA DIAS

~ 24 ~

É o mundo íntimo que determina o mundo exterior. Não é vida e pensamento, é pensamento e vida, tal qual pensamos e sentimos, essa será a nossa vida.

HAROLDO DUTRA DIAS

~ 25 ~

O significado que damos à nossa vida comanda a maneira como iremos viver e as ações que iremos adotar. Os comportamentos têm total influência nos resultados que iremos alcançar ao longo do tempo. Por isso, não basta estimular alguém a migrar, a se deslocar, a traçar objetivos e a se movimentar. Em muitas ocasiões, a principal mudança a ser feita, não é nos aspectos exteriores de nossa vida, mas em nossa mente.

~ 26 ~

Não deixe a ingratidão do outro controlar o seu amor. Não permita que a perversidade do outro controle a sua idoneidade. O erro não é de quem confia, mas de quem trai a confiança.

HAROLDO DUTRA DIAS

~27~

O tolo espera que a vida seja mais fácil. O sábio aceita o que lhe é dado, e faz com que o resto se torne aquilo que ele deseja. Vemos a vida e as pessoas através de nossos olhos, mas eles funcionam como um prisma, pois veem tudo do ponto de vista da nossa personalidade. Ou seja, nosso olhar é extremamente seletivo. Não tenha dúvida, somos responsáveis por tudo aquilo que chega até nós, pela criação de nossos mundos e da vida que temos.

~ 28 ~

Nós atraímos as coisas necessárias ao nosso crescimento. A vida colabora, nem sempre de modo agradável, para que nos tornemos efetivamente aquilo que somos apenas em potencial.

HAROLDO DUTRA DIAS

29

Não importa quantos dígitos alguém possua em sua conta bancária, o tempo é sempre o seu recurso mais precioso. Estabelecer propósito, missão e metas que não estejam à altura do valor do nosso tempo é desperdiçar a própria vida. Em resumo, o tempo é o único recurso que não pagamos nada para receber, veio como dádiva. Todavia, ele cobra um alto preço para ser usado, e podemos nos arrepender profundamente por tê-lo jogado fora.

~ 30 ~

A beleza do Espiritismo é que ele nos ensina que há problemas que não serão resolvidos nessa vida, então acalma-te.

HAROLDO DUTRA DIAS

~31~

A vida pede um conjunto de estratégias para que a jornada seja bem-sucedida. A vida humana é também uma jornada, ou melhor, uma "odisseia", repleta de desafios, perigos, reviravoltas, altos e baixos, alegrias e tristezas, esperanças e decepções. No entanto, esses épicos desafios sempre nos dão um aprendizado. Hoje, como está o plano de voo da sua vida?

HAROLDO DUTRA DIAS

~32~

As maiores lições da sua vida sobre cristianismo virão das pessoas de quem você não gosta.

HAROLDO DUTRA DIAS

~33~

A angelitude e a pureza da alma não são conquistadas por espíritos cristais, elas são forjadas na luta, na renúncia, no sacrifício do trabalho e da disciplina.

~34~

Por enquanto, não tente entender o amor, procure senti-lo.

HAROLDO DUTRA DIAS

~35~

Pessoas afetam pessoas, e essas interações constroem memórias. Nada se realiza sem um conjunto de relações humanas alinhadas por um propósito comum, temporário ou perene. Quando produzimos algo ou proporcionamos uma experiência diferenciada, única, exclusiva, intensa, repleta da nossa identidade, do nosso afeto, da nossa dedicação, do nosso amor, então isso significa que fomos capazes de agregar valor.

HAROLDO DUTRA DIAS

~36~

Deus não espera que você se torne perfeito para fazer o que tem que fazer. Porque sabe que é fazendo o que tem que fazer que você se torna perfeito.

HAROLDO DUTRA DIAS

~ 37 ~

Somente aqueles que buscam a excelência conseguem impactar sua geração. O resultado diferenciado, exclusivo, pessoal e autêntico é capaz de impactar outros seres humanos, pois todas as pessoas valorizam a dedicação e a competência. Todos estamos em busca de inspiração.

HAROLDO DUTRA DIAS

~38~

Um coração evangelizado é capaz de influenciar uma multidão.

HAROLDO DUTRA DIAS

~ 39 ~

Viver com propósito é a maior expressão de gratidão que um ser humano pode atingir. A duração da vida humana é limitada, portanto, preciosa. E a única maneira de honrar essa dádiva, à altura do seu valor, é encontrar o propósito da nossa vida. Hoje, qual o propósito da sua vida?

HAROLDO DUTRA DIAS

~40~

Ame, porque o amor é irresistível!
Não há escolha mais sábia que o AMOR!

HAROLDO DUTRA DIAS

~ 41 ~

Há muita sabedoria disponível para nós em nossa constelação familiar. Nosso sistema familiar é nossa origem, nossa fonte, nossa força primordial. Nós nos tornamos muito poderosos quando nos conectamos a ele, e muito sábios quando voltamos às nossas origens. A vida de todos eles deve se tornar o nosso livro de sabedoria, pois mesmo cometendo erros, nos inspiram e nos ensinam o que fazer e o que não fazer.

~ 42 ~

Quanto maior o número de imperfeições de um espírito, maior o número de sofrimentos e dificuldades que ele enfrenta.

~ 43 ~

As intenções são como impressões digitais. Elas marcam as atitudes, palavras e ações com o colorido do nosso desejo e das nossas emoções mais ocultas.

~44~

Só o amor é capaz de curar a alma para sempre.

HAROLDO DUTRA DIAS

~45~

Nem sempre o mais talentoso é o mais hábil. A habilidade pede suor, disciplina, dedicação, comprometimento e seriedade. Toda habilidade é mantida com a força do hábito, motivo pelo qual deve ser reforçada e aprimorada constantemente. Quando alguém atinge a excelência na expressão de suas habilidades, uma força poderosa e contagiante passa a emanar dela, uma espécie de autoridade interior que se irradia no ambiente onde atua.

HAROLDO DUTRA DIAS

~46~

Há uma justiça que preside os nossos destinos. Deus não perde tempo punindo seus filhos, não há punição, há responsabilização.

HAROLDO DUTRA DIAS

~47~

Obtemos resultado quando fazemos a coisa certa no momento certo. Ninguém planta no inverno, ninguém colhe na estação chuvosa. A compreensão dos padrões inerentes às estações do ano nos leva ao plantio de determinadas culturas no momento adequado, dando surgimento à agricultura. Do mesmo modo, o entendimento dos padrões biológicos de algumas espécies animais nos levou à domesticação e ao pastoreio. A vida exige esse mesmo grau de precisão: a ação certa no momento adequado.

~48~

Reserve sempre um tempo para celebrar. Felicidade é também valorizar o que já se tem. A felicidade é desenvolver em nós a capacidade de sermos gratos pelo que está bom.

HAROLDO DUTRA DIAS

~ 49 ~

 Em algum lugar, há um herói anônimo vencendo as suas próprias batalhas, em silêncio. Em comunhão com Deus. Nesse mundo onde as pessoas se tornam cada vez mais dependentes da exposição e da visibilidade externas, é bom refletir que Deus nos vê e cuida de cada um de nós. "Brilhe a vossa Luz".

HAROLDO DUTRA DIAS

~50~

O perdão não corrige o outro, ele apenas te liberta. Perdoar é a expressão máxima de amor daquele que não espera ser amado.

HAROLDO DUTRA DIAS

~51~

Cada vez que você julga alguém, você revela uma parte sua que precisa de cura. Frequentemente, projetamos nos outros aquelas partes de nós mesmos que ainda são primitivas, e que precisam ser educadas. Assim, vale mais agir sempre com misericórdia e benevolência, já que somos os mais necessitados delas.

~52~

A existência corporal não é o destino, ela é o trajeto, é um percurso e é temporária.

53

A batalha mais difícil é entre aquilo que sabemos e aquilo que sentimos. O progresso moral decorre do progresso intelectual, mas nem sempre o segue imediatamente *(Livro dos Espíritos, Questão 780)*. Por esta razão, além do esclarecimento do intelecto, é preciso educar as emoções e os sentimentos.

54

Se você está aguardando ser melhor para trabalhar, é melhor você trabalhar e aguardar ser melhor. A cada dia de trabalho na Seara do Senhor nos tornamos pessoas melhores.

~55~

Em muitas ocasiões, o melhor a fazer é simplesmente migrar. A vida é sempre uma balança tentando equilibrar o desagradável e o agradável em perfeita sincronia. Quase nunca, tudo está bom. Há situações em que a crise assume proporções tão intensas, que podem ser comparadas ao inverno rigoroso nas calotas polares. Nessas situações, a migração é a melhor resposta.

~56~

As lições mais grandiosas que você vai experimentar serão dadas nos fatos mais corriqueiros da vida.

HAROLDO DUTRA DIAS

~57~

Não fomos criados para odiar. Fomos projetados para o clima da cooperação e do respeito mútuos. Ninguém constitui brandura simplesmente porque a brandura é bonita. Você não se torna um espírito manso porque ignorou a violência. Mas quando compreendeu os malefícios que o clima da guerra psíquica, física ou emocional provoca na criatura e em toda a humanidade. O manso não é um fraco, o manso é um forte que entendeu que tudo tem um tempo, uma lógica para se manifestar.

HAROLDO DUTRA DIAS

~58~

Contra os golpes mortais do ressentimento, somente a armadura do amor e da paciência.

HAROLDO DUTRA DIAS

~59~

Com o amor estimulamos e atraímos o amor. É preciso semear o amor por toda parte, para que seus frutos cheguem até nós onde estivermos. Um coração que ama é sempre um salão em festa, pronto para acolher.

~ 60 ~

A limitação é uma experiência. A doença é uma experiência. A doença ajuda a curar a alma.

~ 61 ~

A lei de adoração atua no nosso psiquismo. Seu coração gravita em torno do que você ama, do que você adora, do que você admira. Se você adora a Deus, consegue retratar em você os atributos da divindade. Deus é presença não é palavra.

~ 62 ~

As correntes do bem e do amor ao semelhante provêm de Deus e banham toda a criação do infinito.

HAROLDO DUTRA DIAS

~63~

Nenhum poder que emana da matéria se compara ao mais simples poder que emana do espírito. Não importa a posição que você ocupe, os títulos que você ostente, as propriedades em seu nome, todos teremos um encontro inevitável com a morte e seremos avaliados por aquilo que o coração carrega.

HAROLDO DUTRA DIAS

~64~

O destino trará de volta todas as pedras que nós arremessamos um dia.

HAROLDO DUTRA DIAS

65

Nós fazemos aquilo que acreditamos ser. Ninguém faz o que acredita não ser. O problema é que muitas vezes definimos nossa identidade de maneira limitada, restritiva, seguindo expectativas de terceiros, sem fidelidade à nossa essência, sem considerar nossa tipologia, sem atender ao nosso Desejo Central.

~ 66 ~

A cortesia é o primeiro passo da caridade, e a gentileza é o princípio do amor.

HAROLDO DUTRA DIAS

~ 67 ~

A descoberta do sentido nos ajuda a atravessar a vida com integridade, sem nos despedaçarmos. Temos mais possibilidades de lidar construtivamente com a dor e com as crises se pudermos encontrar algum tipo de sentido, de significado, relevância ou propósito na situação que estamos atravessando, naquilo que temos de suportar.

HAROLDO DUTRA DIAS

~ 68 ~

Nenhum de nós é capaz de prever a abundância da colheita, quando as sementes do Evangelho caem num coração preparado.

HAROLDO DUTRA DIAS

~ 69 ~

Quando o fracasso não for uma opção...

Quando a fé for maior que o medo...

Quando a realização, a concretização for uma certeza...

Então, estaremos diante do propósito.

HAROLDO DUTRA DIAS

~70~

Próximo é alguém que transforma você em alguém para o seu semelhante.

HAROLDO DUTRA DIAS

~ 71 ~

Na vida sempre haverá mais juízes que torcedores. "E como podes dizer a teu irmão: Permite-me remover o cisco do teu olho, quando há uma viga no meu? Hipócrita! Tira primeiro a trave do teu olho, e então poderás ver com clareza para tirar o cisco do olho de teu irmão." *Mateus 7:4-5*

~72~

Você é um espírito imortal, então tenha projetos eternos.

HAROLDO DUTRA DIAS

~ 73 ~

Só nos tornamos felizes quando amamos e reconhecemos o amor de Deus infinito e integral. Deus se manifesta pela luz da razão, da consciência e da inteligência.

HAROLDO DUTRA DIAS

~74~

O minuto que corre hoje é o minuto sublime na evolução do teu espírito.

HAROLDO DUTRA DIAS

~75~

Se nos propomos a sair vitoriosos dos processos de tentação, é importante identificar o tema básico do nosso psiquismo. O maior desafio do Homem sobre a Terra é a autoconfrontação, o conhecer-se e identificar-se para estabelecer um novo rumo, uma nova alvorada.

HAROLDO DUTRA DIAS

76

O propósito da vida trabalha em nós e conosco através de todos os meios para guiar-nos a perfeição.

HAROLDO DUTRA DIAS

~ 77 ~

Muitas pessoas possuem propósitos lindos, mas constroem sobre a areia. Outras, conscientes de seus valores, escolhem acertadamente edificar sobre a rocha dos valores e resistem às crises, às tempestades e dificuldades em razão da integridade de suas vidas.

HAROLDO DUTRA DIAS

~ 78 ~

O que fizeres, será teu advogado em qualquer lugar.

~ 79 ~

Você recebe de volta aquilo que põe para fora, pois todas as coisas voltam para a sua fonte. Os eventos e circunstâncias que a pessoa enfrenta ao longo de sua vida dependem, em grande parte, daquilo que ela frequentemente expressa, exterioriza.

HAROLDO DUTRA DIAS

~ 80 ~

Temos o DNA de Deus em nós. Fomos destinados a pureza e a perfeição relativa da criatura e preparados para uma felicidade sem mescla.

HAROLDO DUTRA DIAS

~ 81 ~

Deus impõe a encarnação com o fim de fazer os espíritos chegarem à perfeição. Ou seja, sem ter contato com a matéria (encarnar), nós não atingimos a perfeição. Nós precisamos ter um corpo a fim de passarmos pelas experiências corporais. Se não tivermos o experimento da sede, da dor, do prazer, das vicissitudes da queda, não seremos perfeitos. A experiência corporal é que dá conhecimento e sabedoria para o espírito chegar a perfeição. Para uns, é expiação; para outros, é missão.

HAROLDO DUTRA DIAS

~ 82 ~

Encontre hoje um ponto de referência para Regeneração de todo o teu destino. Está no seu querer seguir agora ao encontro Dele ou daqui a milênios.

HAROLDO DUTRA DIAS

83

A vida humana é uma desafiadora viagem. A vida física possui começo, meio e fim. Cada existência humana é uma jornada estruturada, repleta de sentido, e cada acontecimento é um elemento que integra essa teia de significado. Há, porém, o dia da chegada e o dia da partida. Como anda sua jornada da vida?

84

O processo da reforma íntima começa quando você se enxerga do tamanho que você é. Floresça onde você foi plantado.

HAROLDO DUTRA DIAS

~85~

A mudança atua nas fronteiras do nosso EGO, desafiando antigos hábitos, antigos modos de ser, forçando-nos a remapear essas linhas divisórias de nossa identidade. Toda vez que a vida toca nessas linhas divisórias de nosso EGO, experimentamos a mudança como uma espécie de morte. Por isso, nem sempre é fácil fazer mudanças

HAROLDO DUTRA DIAS

~86~

É preciso conciliar resiliência e atitude.

HAROLDO DUTRA DIAS

~ 87 ~

Deus é infinito, e é impossível para nós, seres humanos, compreendê-Lo plenamente, porque seria o relativo tentando entender o absoluto. Deus é transcendente. Para tentar defini-Lo, foi usada uma linguagem humana. É preciso, portanto, considerar as limitações da linguagem humana.

~88~

Uma coisa está nas suas mãos, o poder de ser o melhor que você pode ser.

~ 89 ~

Ter clareza sobre os passos necessários para concluir a jornada, saber exatamente quais as etapas da concretização de um projeto e as ferramentas a serem utilizadas são pressupostos do sucesso. Ninguém atinge aquilo que não vê. Definir metas é visualizar o desdobramento da missão passo a passo.

~ 90 ~

Tudo o que eu faço ao meu próximo, na verdade eu estou fazendo comigo, não com o outro.

HAROLDO DUTRA DIAS

~ 91 ~

A força transformadora da vida reside no interior da ação. No entanto, estamos em busca da Ação Correta, não de qualquer ação. Em muitas ocasiões, a ação mais adequada é permanecer imóvel, aguardar... Ninguém planta no inverno, ninguém colhe na estação chuvosa.

~ 92 ~

As relações humanas representam nosso maior desafio. Todavia, é delas que obtemos as maiores recompensas.

HAROLDO DUTRA DIAS

~ 93 ~

Podemos e devemos honrar nossos pais e familiares, mas isso não significa que estamos fadados a repetir suas histórias para demonstrar o amor que temos por eles. A maior demonstração de amor e respeito que podemos oferecer ao nosso núcleo familiar é assumir nossa singularidade e vivermos de modo pleno, ainda que tenhamos que percorrer outras Aerovias.

~94~

Existem problemas que você não vai compreender, você vai superar.

HAROLDO DUTRA DIAS

~ 95 ~

O verdadeiro autoconhecimento exige uma boa dose de autoconfrontação, de muita reflexão e análise interna, mas não basta. É preciso acionar a compaixão, por nós e pelos outros, para alcançarmos a transformação e a cura.

HAROLDO DUTRA DIAS

96

Buscamos Deus nos templos, mas somos incapazes de encontrar o criador ao tomar um café com a família.

~ 97 ~

Os seres humanos fazem apenas aquilo que querem ou aquilo que é conveniente. Levamos para o lado pessoal a crença de que tudo é sobre nós, de que o mundo gira ao nosso redor, de que as pessoas fazem ou deixam de fazer algo por nossa causa. Não podemos acreditar que somos responsáveis por tudo! Toda vez que construímos histórias, enredos, cheios de palpites subjetivos, avaliações parciais e passionais, antes mesmo de tocar diretamente no assunto com a pessoa; essa conduta gera um enorme sofrimento.

HAROLDO DUTRA DIAS

~ 98 ~

Deus é o único que sempre estará contigo, os outros passam.

HAROLDO DUTRA DIAS

99

Nos momentos mais difíceis da vida, como a desencarnação de um ente querido, o surgimento de uma doença grave, a perda do emprego, a passagem por um revés financeiro, ou mesmo uma decepção amorosa, precisamos nos voltar para dentro e intensificar nosso contato com o Pai. Isso é religiosidade. Não é apenas um autoencontro, mas encontrar Deus dentro de nós.

HAROLDO DUTRA DIAS

~100~

Existe uma hora e um lugar para tudo. Não basta realizar com eficiência e rapidez, é preciso fazer a coisa certa no tempo certo.

HAROLDO DUTRA DIAS

101

A história da nossa vida é composta de pessoas, acontecimentos e avaliações (interpretações). Pessoas chegam e partem, provocam dor ou prazer, despertam nosso amor ou nosso ódio. Elas reagem a nós, mas no fundo são absolutamente autônomas. Acontecimentos se desdobram com nossa ativa participação ou totalmente alheios à nossa influência. Alguns deles surgem a despeito de nossa vontade, sem que possamos controlar ou interferir. As avaliações, porém, são juízos de valor, interpretações, *scripts*, e dependem em grande parte de nosso Mapa Mental.

~102~

Justiça é exercício de contenção, de disciplina. A disciplina é importante quando liberta e não escraviza.

HAROLDO DUTRA DIAS

~ 103 ~

O respeito ao meio ambiente revela também a grandeza de nossos propósitos. Vivemos em um tempo em que a preocupação com o meio ambiente e com a sustentabilidade se transformaram em dever, se quisermos que as futuras gerações possam usufruir um pouco do planeta Terra. O uso responsável dos bens materiais deveria ser disciplina obrigatória em todos os currículos escolares e acadêmicos. Basta lembrar que não haveria fome no mundo, se fôssemos capazes de recolher tudo o que é desperdiçado para entregar aos necessitados.

HAROLDO DUTRA DIAS

~104~

Tudo o que é seu encontra uma maneira de chegar até você.

HAROLDO DUTRA DIAS

~ 105 ~

Aquilo que está em nosso círculo de influência e/ou atuação deve merecer toda nossa energia de planejamento, estratégia, execução e avaliação. Aquilo que não podemos controlar deve ser observado, contemplado, estudado, de modo a adquirirmos experiência e sabedoria. O ditado popular a esse respeito é muito interessante: "Não lute com a onda, aprenda a surfar".

~106~

O pensamento é um tipo de energia magnética gravitacional que repele e atrai tudo que está em sintonia com ele.

HAROLDO DUTRA DIAS

~ 107 ~

Talvez o grande propósito do Espiritismo para a humanidade seja despertar virtudes, desenvolver potenciais que o Criador deixou depositados em nós. Para isso é necessário nosso esforço constante na evolução de nós mesmos!

HAROLDO DUTRA DIAS

~108~

Quer você avance, quer você regresse ou estacione, o amor de Deus permanece inalterável.

HAROLDO DUTRA DIAS

~ 109 ~

O Evangelho é um vasto caminho ascensional, cujo fim não atingiremos legitimamente sem o conhecimento e aplicação de todos os detalhes. Só o compreende verdadeiramente quem o aplica em sua vida

HAROLDO DUTRA DIAS

~110~

O corpo físico é a materialização do que somos por dentro.

HAROLDO DUTRA DIAS

~111~

O verdadeiro propósito nasce conosco, faz parte de nós... ele é inegociável, intransferível. Ele espera por nós, tanto quanto nós esperamos por ele. Na vida, nunca nos sentiremos verdadeiramente realizados, plenos, satisfeitos a não ser quando formos capazes de concretizar o propósito de nossa existência.

HAROLDO DUTRA DIAS

~112~

Deus renova os mundos como renova os seres vivos na lei do aperfeiçoamento.

HAROLDO DUTRA DIAS

~113~

Tudo na vida possui um ritmo. E o nosso maior engano é querer fazer algo fora do dele. É preciso respeitar dia/noite, atividade/repouso. Permita que a sua consciência e o seu corpo se integrem à natureza, ao ritmo natural da vida e comece a respeitar esses ritmos, porque não é você quem o imprime.

HAROLDO DUTRA DIAS

114

Certas coisas só podem ser vistas quando o observador muda de perspectiva.

HAROLDO DUTRA DIAS

~115~

Quando damos, sem a intenção de receber de volta, mas com a intenção de surpreender; surpreender com nossa generosidade, prestatividade e desprendimento, ativamos no outro a energia misteriosa da reciprocidade. A outra pessoa se sentirá estimulada, espontaneamente, em exercer a própria generosidade a nosso favor. Não é um contrato comercial, não é um toma lá, dá cá, é o fluxo da abundância e do amor.

HAROLDO DUTRA DIAS

~116~

Deus nos deu a inteligência para aprender a discernir, escolher e administrar o nosso patrimônio divino.

HAROLDO DUTRA DIAS

~ 117 ~

A reciprocidade diz respeito ao fluxo dinâmico entre o dar e o receber. Relações humanas que não estão baseadas na reciprocidade não são fortes o suficiente para perdurar, pois na maioria das vezes repousam na dependência, na opressão, no assédio moral, na violência e no abuso de poder. É natural que alguém doe mais que outro, em determinada circunstância, mas não é natural que isso seja a regra da relação.

~ 118 ~

As inibições exteriores têm um propósito. Nos auxiliar a vencer as limitações interiores. Um espírito puro venceu profundas e gigantescas limitações interiores.

HAROLDO DUTRA DIAS

~ 119 ~

De modo semelhante ao cultivo do trigo, no campo espiritual das relações humanas não é possível colher sem semear. Há uma ciência de cultivar amizades, relações afetivas e construir entendimento nas interações interpessoais. É necessário examinar, diariamente, nossa lavoura afetiva e observar se não estamos exigindo flores prematuras ou frutos antecipados, sobrecarregando as pessoas com exigências, expectativas, julgamento e padrões moralistas. Todo cultivo exige atenção, cuidado, adubo, irrigação e zelo. Para atingir a colheita de grandes e preciosos resultados, é preciso imitar o lavrador prudente e devotado.

HAROLDO DUTRA DIAS

~ 120 ~

Pureza de coração não significa ausência de erros. Significa ausência de egoísmo e orgulho em nossas intenções.

HAROLDO DUTRA DIAS

~121~

Podemos inspirar outros viajores, ou simplesmente servir de advertência com nosso naufrágio. O Ser Humano realiza também muitas migrações, inúmeras viagens, dentro da grande odisseia da sua própria existência, que é limitada no tempo e no espaço.

HAROLDO DUTRA DIAS

~122~

Toda indignação só é útil quando se traduz em ações concretas e pacíficas no bem, principalmente dentro da sua esfera de ação direta.

HAROLDO DUTRA DIAS

~123~

O meu propósito só terá valor para a sociedade somente se for capaz de deixar um legado, um roteiro a ser seguido. Uma multidão de pessoas empreendem, realizam, atingem seus objetivos... Mas poucas consolidam seus empreendimentos, e raríssimas permanecem para contar a história aos seus netos.

HAROLDO DUTRA DIAS

~124~

O estado de felicidade tem ligação profunda com aquilo que a pessoa alicerçou na intimidade de sua alma.

HAROLDO DUTRA DIAS

Para receber informações sobre os lançamentos da INTELÍTERA EDITORA, cadastre-se no site:

🌿 www.intelitera.com.br

Para saber mais sobre nossos títulos e autores, bem como enviar seus comentários sobre este livro, mande e-mail para:

@ atendimento@intelitera.com.br

Conheça mais a Intelítera:

▶ youtube.com/intelitieraeditora
📷 instagram.com/intelitera
f facebook.com/intelitera